LIBRO – TALLER

ENTRENESE PARA VENDER MÁS

Escuela Nacional de Ventas y Marketing

Carolina Escobar García
Luis Fernando Escobar Osorio

Medellín

Autores
Carolina Escobar García
Luis Fernando Escobar Osorio

Escuela Nacional de Ventas
www.escuelanacionaldeventas.com

Edición a cargo de: Patricia García Pava

Diseño Interior y de portada: Mónica Escobar García

Año publicación: 2015

ISBN (13): 978-1517714499

ISBN (10): 1517714494

CONTENIDO

INTRODUCCIÓN.

En la actualidad los mercados son mucho más competitivos, con constantes innovaciones en todos los campos, por lo que la gestión del equipo de ventas es la que marca la diferencia entre el éxito y el fracaso de una empresa, pues son estos quienes tienen el poder de poner en manos de los clientes los productos y/o servicios contribuyendo con ello a la rentabilidad de la misma.

La Escuela Nacional de Ventas y Marketing ENVEN presenta el libro taller "ENTRENESE PARA VENDER MÁS" que contiene la información comercial que requiere el personal de ventas para un óptimo desempeño de su cargo y que permite a la empresa posicionarse de forma estratégica en el mercado y frente a la competencia.

Toda organización ofrece algo ya sean productos, servicios, imagen... Hoy en día es bien importante dominar las técnicas de venta para tener gran parte del camino del éxito ganado.

Las técnicas de ventas dependen bastante del sector en que se mueve una empresa, del tipo de público o de clientes a quien se dirige, de las ventajas que ofrecen sus productos y servicios, de la competencia, etc. Por esta razón debemos conocer las técnicas de venta y saber cómo manejarlas en la medida que el medio evoluciona.

La formación, el estudio, la actualización del conocimiento es clave para el buen desempeño del vendedor.

Esta es la razón de ser de este entrenamiento, que usted se forme, estudie e investigue. Que pueda tener información clara y organizada para que la ponga en práctica de la mejor forma posible. No olvide que el perfeccionamiento personal abarca la superación profesional, por lo tanto debe preocuparse por prepararse cada vez más. Las empresas necesitan contar con personas cada vez más eficientes y orientadas al cambio para responder a las demandas del entorno, personas que puedan enfrentarse en mejores condiciones a su tarea diaria y que desarrollen las habilidades interpersonales necesarias para lograr un buen contacto con el cliente.

¿De qué depende que un vendedor logre sus resultados y otros no?

Son muchas las variables que contribuyen a que un vendedor sea exitoso; investigaciones hechas sobre el tema han concluido que los aspectos claves para ello son: Las habilidades de personalidad, los conocimientos en ventas y la práctica.

En este libro – taller usted adquirirá el conocimiento, desarrollará las habilidades y destrezas que necesita para desempeñar la labor de ventas de manera exitosa, a través de los talleres y actividades que aquí le presentamos y lo más importante comprenderá que el vendedor debe tener unas cualidades necesarias para poder tener excelentes relaciones con los clientes, compañeros de trabajo y superiores.

Si usted realmente desea surgir en la profesión de ventas tendrá que realizar cambios en su forma de ser y en la manera que viene realizando su labor hasta el momento y deberá poner en práctica lo aprendido, de lo contrario su desempeño será de bajo rendimiento y este entrenamiento no servirá para nada.

Lo animamos a trabajar con empeño, a realizar las actividades completas y a poner en práctica de manera inmediata lo aprendido.

PERFIL HUMANO Y COMERCIAL
DEL VENDEDOR EXITOSO DE LA EMPRESA

A continuación se describen los parámetros que la empresa considera vitales en el comportamiento personal y profesional de su fuerza de ventas.

PERFIL HUMANO DEL VENDEDOR EXITOSO DE LA EMPRESA

Aspectos de la personalidad.

El vendedor debe tener algunas cualidades importantes para que pueda desarrollar su trabajo de manera exitosa.

ASPECTOS DE LA PERSONALIDAD	
Honesto	Siempre debe actuar con sinceridad, con transparencia y sin tratar de confundir o mentir al cliente. Mantener un clima donde se genere confianza y credibilidad al hacer la oferta de productos, dando al cliente buenas razones para que su compra se haga una realidad.
Con alto grado de autoestima	El éxito de un vendedor está intrínsecamente relacionado con lo que él piense de sí mismo. Una persona con una autoestima saludable lucha por alcanzar sus metas, está más preparado para las adversidades, asume responsabilidades con facilidad, está feliz de sus logros, afronta nuevos retos con entusiasmo, no es egoísta y por lo tanto obtendrá mejores resultados en su vida personal y profesional.
Humilde	Es reconocer las capacidades físicas e intelectuales y emocionales de los demás, como también sus propias debilidades, cualidades y capacidades. Esto permite reconocer los errores, aceptando los fracasos en forma constructiva.
Entusiasta	El entusiasmo no se ve ni se toca. Sin embargo está y se hace manifiesto en la forma de actuar. Es una combinación de motivación y optimismo que en parte es adquirida y en parte aprendida. El entusiasta es un ser proactivo que no se ata a los hechos y que logra lo que quiere porque sabe que es posible alcanzarlo. Este entusiasmo y energía se deben canalizar en forma adecuada para conseguir un buen ambiente de trabajo que genere ventajas frente a la competencia traduciéndose en resultados tangibles a largo plazo.
Servicial y humano	Servir es ayudar a alguien de manera espontánea, es una actitud permanente de colaboración hacia los demás. La persona servicial lo es en su trabajo, con su familia y con todo lo que le rodea. Esta siempre ayudando a otras personas en cosas aparentemente insignificantes, pero que van haciendo la vida más ligera. En ventas se debe ser muy servicial y

	humano para entender a nuestros clientes siendo ante todo muy respetuosos, tener mucha paciencia y un sentido analítico que permita dar soluciones a los problemas que se puedan presentar.
Amabilidad	Es aquella persona que habla amigablemente de manera respetuosa. La amabilidad es una de las principales cualidades que debe poseer un vendedor si quiere construir un ambiente de serenidad, familiaridad y profesionalismo.
Actitud positiva	El vendedor exitoso es positivo y optimista. El positivismo va estrechamente ligado con una buena actitud. El ser optimista se relaciona con lo que él cree que puede llegar a ser y a lograr. Las actitudes son tan importantes como las aptitudes. Para esto es esencial mantener una actitud positiva siempre. Recuerde las tres "P" del optimista: **P**ensamiento **P**ositivo **P**ermanente. Un buen vendedor sabe que su trabajo no es solo una tarea que tiene que cumplir, sino un proyecto de vida y medio constante de crecimiento, nunca debe decir que llegó al tope, siempre debe estar dispuesto a aprender más, a enseñar y a romper paradigmas para ser más efectivo.
Con capacidad de escucha	El concepto que se tenía antiguamente de que el vendedor debía ser más hábil y diestro en el arte de hablar que de escuchar, es ahora un mito. Si se reconoce que la capacidad de escuchar es una destreza que se adquiere al igual que otras destrezas en el campo de las ventas, se podrá utilizar mejor el tiempo y obtener así mejores resultados Cuando se escucha al cliente con atención, se debe mantener un control visual, ofrecer confirmación verbal y no verbal de que se le está escuchando. Las palabras de un cliente pueden ser de gran importancia y ofrecer un mejor ángulo para una venta exitosa.
Actuar de manera asertiva	La asertividad es la capacidad que permite a todo ser humano ser hábil al momento de comunicar sus ideas, de tomar una decisión y de relacionarse con el resto de las personas. La persona asertiva tiene metas claras. Sabe adónde va y aquello que quiere conseguir. Sabe también que no siempre puede ganar, pero la importancia radica en el esfuerzo por llegar a sus objetivos. Si no es así, se toma el tiempo para reformular el camino y dirigir nuevamente nuevas estrategias para seguir. No se desalienta ante un fracaso, analiza para mejorar y sigue adelante. Establece la comunicación sin ofender al interlocutor.
Respetuoso	Valorar los intereses y las necesidades de los demás. Demostrar atención, agrado, afecto y consideración permitirá que el ambiente de trabajo sea agradable y se podrán resolver las diferencias que se presentan más fácilmente.

PERFIL COMERCIAL DEL VENDEDOR EXITOSO DE LA EMPRESA

Aspectos que las empresas consideran esenciales para que el personal de ventas logre un buen desempeño de su cargo y una excelente relación con los clientes..

ASPECTOS EN EL DESEMPEÑO	
Impecable presentación personal	Es muy importante demostrar respeto por su interlocutor presentándose a una reunión de manera adecuada, bien vestido y cuidando la higiene personal. Esto hará una gran diferencia a la hora de su visita, pues es la primera impresión que el cliente se lleva de usted. Nunca olvide que su imagen es la imagen que usted proyecta de la empresa.
Puntual	Es una cualidad que se puede aprender y refleja respeto por el tiempo de los demás. El no ser puntual es una falta de consideración para la persona que espera, es hacerle perder tiempo muy valioso el cual puede utilizarse mejor. La puntualidad demuestra que usted una persona seria y disciplinada. Tenemos que estar conscientes de que cada persona, evento, reunión, cita o actividad es muy importante y nuestra presencia puntual es la garantía de seriedad y educación. La puntualidad es una característica con la que podemos obtener la confianza de los demás.
Ser un buen comunicador	La comunicación es una relación de transmisión y recepción de ideas. Un buen comunicador permite hablar o sintonizarse en un lenguaje común con el cliente, lo que facilita el reconocimiento de las necesidades y un clima de confianza.
Emprendedor	Es una persona que está dispuesta a explorar y arriesgar, tiene un alto grado de motivación, una mente llena de ideas claras y ganas de servir al cliente. Busca una oportunidad, no espera a que llegue sola y la aprovecha hasta lograr una venta. Se podría decir entonces, que una persona emprendedora obra con tenacidad, honestidad, sentido común, disfrutando lo que hace y actuando siempre con toda la pasión.
Excelentes relaciones interpersonales	Las habilidades interpersonales radican en ver a la persona detrás del cliente, este es un componente esencial para lograr construir una buena relación comercial duradera. Se debe ser amigable, pero de manera respetuosa, actuando de forma

	profesional, generando soluciones cuando el cliente lo requiera, comprendiendo las diferentes situaciones y colocándose en el lugar del otro.
Constante capacitación y aprendizaje	Estar siempre en una búsqueda continua de nuevos cambios que permitan comprender mejor la realidad asumiendo actitudes y comportamientos más certeros. La venta tiene sus técnicas específicas y es necesario saber aplicarlas, por esto se hace indispensable que el vendedor desee superarse cada día más, con ánimo de explorar, estudiar y aprender para estar a la vanguardia de los cambios. No espere que sea la empresa la que le brinde la capacitación, usted también debe estudiar y actualizarse por su cuenta, ya que realizará mejor su labor y mejorará su hoja de vida para avanzar dentro de la organización.
Organizado	Planificar su trabajo de modo que aproveche bien su tiempo. Es importante definir objetivos y saber realmente a donde se quiere llegar y con qué recursos se cuenta, pues esto le da una ubicación real a su perspectiva. Las buenas intenciones no son nada sin la acción, sin un pensamiento dirigido o sin una estrategia para lograr lo presupuestado.
Con espíritu empresarial	Para ser exitosos se debe amar lo que se hace. Un vendedor con espíritu empresarial debe apoyar a su empresa, a las estrategias de promoción y mercadeo, estableciendo una relación a corto y largo plazo con sus clientes. El éxito de la empresa es el suyo.
Conocimiento pleno de la empresa, de los productos propios y de la competencia	Se debe ser experto conocedor del producto y la empresa, teniendo claro los objetivos que ésta desea alcanzar. Igualmente se debe tener información sobre la competencia, sus productos, calidad, procesos, canales de distribución, etc., ya que esto genera confianza en el vendedor, manejará mejor las objeciones que se le presenten y tendrá credibilidad ante los clientes. No hay nada mejor que sentir que se habla de lo que se conoce. Este conocimiento pleno disminuye al mínimo la improvisación, fortalece la imagen propia y la de la empresa creando un clima de confiabilidad.
Mantener un buen estado de animo	Todos somos humanos, tenemos nuestros días buenos y malos, pero es muy importante tratar de mantener al margen los problemas. La visita al cliente debe estar libre de las dificultades cotidianas que pueden distraernos, ya que no podemos desperdiciar una oportunidad tan esperada. Se tienen que concentrar todos los pensamientos y esfuerzos en lograr los objetivos planteados.
Respeto por la	Un vendedor exitoso nunca debe hablar mal de la competencia y

competencia	aunque es absolutamente necesario saber todo lo que más se pueda sobre esta, nunca se debe hacer una mala referencia de ellos esperando que el cliente se decepcione. Lo más seguro es que sea usted quien queda mal. La principal función suya como vendedor debe ser resaltar lo positivo de su producto y/o servicio para lograr la venta.
Sereno al perder	Es un hecho que todas las visitas no terminan en ventas, ya que existen innumerables factores para que el cliente tome una decisión que pueda afectarle, sin embargo hay que analizar lo que ocurrió para lograr el mejoramiento.
Responsable	Es una cualidad que debemos tener siempre en cualquier aspecto de la vida. En el área de las ventas se puede decir que el vendedor actúa de manera responsable cuando: Llega puntualmente a las citas, cumple lo que prometió en visitas anteriores, hace el seguimiento de estas, organiza un plan de trabajo y cumple con lo programado. En general la responsabilidad es una cualidad que nos permite asumir las consecuencias de las propias decisiones y/o actos.
Ser humano integral	El vendedor de hoy debe ser una persona integral, este concepto es la unión de honestidad, profesionalismo y cumplimiento. Significa ser una persona que está consciente de sus valores, principios, creencias y verdades; un ser positivo, entusiasta, alegre que se relaciona con los demás de manera agradable, que valora y respeta su familia, además quiere crecer, aprender y avanzar en todas las áreas de su vida.

PASOS PARA UN EXITOSO PROCESO DE VENTA

Generalmente las empresas reúnen su equipo de ventas y lo capacitan acerca de lo que es la empresa, su visión, misión, valores, productos y/o servicios, salarios e incentivos, cobros, garantías entre otros y luego los lanzan a la calle esperando que estos hagan su mejor labor y cumplan con los presupuestos de ventas propuestos.

Estas personas salen motivadas, con deseo de hacer su mejor esfuerzo, pero hacen ventas que no les convencen, ni satisfacen a la empresa.

Los vendedores comienzan poco a poco a desmotivarse, les parece duro el mercado, comienzan a pensar que el oficio de las ventas es difícil, se sienten inseguros y finalmente se van al menor pretexto o la empresa tiene que prescindir de ellos, pues no llegan a cumplir las expectativas.

¿Qué pasó? ¿Cuál es el problema?

Los vendedores han sido capacitados. ¿Por qué no venden?

¿Será que no toman en serio su cargo? ¿No quieren hacer las cosas?

La respuesta es simple: La empresa les ha brindado un buen conocimiento en cuanto al **QUE** (capacitación técnica), pero no en cuanto al **COMO** (capacitación comercial). Si no se complementan estas dos formas de capacitar no se lograrán mayores resultados.

En este libro – taller usted podrá combinar las dos técnicas **QUE** y **COMO.**

Le recordamos, si se empeña en hacer bien los ejercicios, lo más completo posible y practica en su actividad diaria lo aprendido logrará grandes resultados.

A continuación estudiaremos ordenadamente los pasos de la venta.

PASO 1: PREPARACIÓN DE LA NEGOCIACIÓN.

La preparación o planeación de la venta es la actividad más descuidada por parte de los vendedores, quienes se caracterizan por la improvisación, lo que perjudica la actividad más de lo que se puede suponer e impide en muchas ocasiones lograr un contacto efectivo con el cliente.

La preparación debe realizarse previa a la visita, surge de lo que será la reunión con el cliente, consiste en hacer un estudio completo sobre el cliente, el producto, la competencia y demás factores necesarios para el buen desarrollo de la visita. Usted necesita seguir a cabalidad las siguientes recomendaciones:

CONOCER LA EMPRESA Y LOS PRODUCTOS/SERVICIOS.

Hay que tener total claridad de la misión y visión de su empresa, ya que esto nos ayuda a saber a dónde se quiere llegar. Se deben conocer a fondo los productos y/o servicios ofrecidos, funcionamiento, garantías, tiempos de entrega, al igual que los procesos de fabricación o cualquier información que creamos sea importante para el cliente y que a usted le permita saber que el producto es la mejor opción que ofrecerá.

Actividad.

A continuación encontrará algunos parámetros orientadores a conocer la empresa para la que usted trabaja y sus productos o servicios. Obsérvelos y si a usted se le ocurren más, por favor agréguelos, ya que posiblemente no todos se aplican a la empresa para la que trabaja. Haga un documento lo más completo posible consultando y respondiendo cada item.

- Escriba una breve reseña histórica de la empresa, los fundadores, la misión, visión y valores.
- ¿Sabe si la empresa ha recibido premios o reconocimientos? Cuales
- ¿Escriba los clientes actuales?
- ¿Dispone de un catálogo de productos o servicios? Si no es así, realícelo.
- ¿Maneja bien la información del catálogo de productos y/o servicios?
- ¿Si un cliente le pregunta sobre alguno de los productos/servicios del catálogo, puede hablar sobre él con la seguridad y confianza que da el conocimiento? Si no es así es tiempo de estudiarlo bien.
- ¿Está al tanto de los tiempos de entrega de los productos?
- ¿Conoce los procesos del producto/ servicio?
- ¿Domina los precios, descuentos por cantidades, formas de pago y promociones?
- ¿Maneja la información relacionada con las políticas de calidad y garantías de los productos?
- ¿Conoce el proceso de devoluciones y desembolsos?

Tener pleno conocimiento de cada uno de estos puntos es esencial para su buen desempeño como vendedor.

✉ **Nota.**

No pase al siguiente punto sin haber realizado esta actividad. De su compromiso y deseo de aprender depende que el estudio que está haciendo sea realmente efectivo para usted.

CONOCER LAS CARACTERÍSTICAS, VENTAJAS Y BENEFICIOS DE LOS PRODUCTOS Y/O SERVICIOS A OFRECER.

Las características están relacionadas con la naturaleza de un producto o servicio. Son generales, observables y fáciles de medir.

Ejemplo si es un producto: Color, tamaño, variedad, material, peso duración etc.

Ejemplo si es un servicio: Duración, metodología, especificaciones de planes etc.

También tenemos características en la fuerza de ventas, como pueden ser:
El perfil socio demográfico (sexo, edad, nivel de educación, ingresos etc.), experiencia en ventas, grado del conocimiento del producto y/o servicio entre otros.

Los beneficios cubren una necesidad o deseo específico del cliente, es una aportación de valor

Ejemplo: mayor permanencia del mensaje, mayor productividad, menor costo, distribución a nivel nacional etc.

Una característica puede generar varios beneficios para el cliente y varias ventajas sobre la competencia. En lo posible, trate de cuantificar los beneficios de sus productos o servicios para su cliente: porcentajes, incrementos en ventas en volumen o en pesos, mejoramientos de rentabilidad de x \$ o x%, incremento en rotación de tantas unidades, x años de duración adicionales, x meses adicionales de garantía, disminuimos en x% sus costos o tiempos, incrementamos en x% su productividad y así por el estilo. El soportar los beneficios con cifras da mayor seguridad al cliente de que está haciendo una excelente inversión y le facilitara el cierre de la venta.

Ejemplo.

- Tienen estos rodamientos un 10% más de duración, por lo que deberá comprar 30 unidades menos cada año, lo que equivale a un ahorro de $120 millones en 5 años.
- Este molino le ahorra un 20% de energía. Su cuenta de energía bajará de $2 millones mensuales a $1.6 millones mensuales. El ahorro anual de $4.8 millones permite que recupere su inversión en 18 meses.
- Este camión carga un 15% con igual consumo de gasolina que la marca XYZ, por lo tanto, con sus ingresos adicionales el vehículo se paga a sí mismo en máximo un año.
- Esta tapadora le incrementa la velocidad de la línea de envasado en un 12%, que le generara una producción y unas ventas adicionales de $35 millones mensuales, recuperando su inversión en 14 meses.
- Tenemos Servicio Técnico en 8 ciudades, por lo tanto podemos atender sus requerimientos de reparaciones y/o repuestos de equipos de cómputo en tres horas, evitando paros de un día o más en su proceso de venta que le puede representar pérdidas de $10 millones/día.

Las ventajas son las particularidades que tenemos que resaltar cuando son superiores o mejores que las de la competencia o únicas en el mercado.

Ejemplo: materiales exclusivos, diseños exclusivos, formas innovadoras, ecológicos etc.

Términos cómo: somos los únicos, somos exclusivos, somos mejores en x que la competencia hay que soportarlos con hechos y datos para poder justificar ante el cliente el valor que cobramos por nuestros productos o servicios.

Las ventajas también pueden presentarse de manera cuantificada ejemplo:

- Nuestra materia prima rinde un 12% más que las otras marcas, por o tanto puede seguir vendiendo sus productos de panadería al mismo precio y aumentar su rentabilidad en un 4.3%, así gana más sin afectar su competitividad ya que continua en la misma franja de precios.

- Nuestros equipos de envasado consumen un 20% menos de energía, lo que significa un ahorro mensual de $ 4 millones, $48 millones al año. Además de ser los equipos de menor consumo de energía, su productividad continúa igual y puede recuperar su inversión en 16 meses, de ahí en adelante es incrementar su rentabilidad en un 8% en esta línea.

Es fundamental que las características de la empresa, de los productos y/o servicios y de la fuerza de ventas, se transformen en beneficios para los clientes y en ventajas sobre la competencia.

Actividad: Iidentifique las características, beneficios y ventajas de cada uno de sus productos y/o servicios que usted ofrece. Si lo desea puede utilizar una tabla como la del ejemplo para plasmar su información.

Producto/servicio	Características	Beneficio para El cliente	Ventaja sobre la competencia
Producto XX			
Producto XX			

✉ **Nota.**
No pase al siguiente punto sin haber realizado esta actividad. De su compromiso y deseo de aprender depende que el estudio que está haciendo sea realmente efectivo para usted.

CONOCER LOS VALORES AGREGADOS

El valor agregado es lo que se puede dar de más, una mejora en los productos o servicios, una información valiosa, un obsequio publicitario o cualquier otro beneficio que se da sin costo alguno. Es una estrategia cuidadosamente planeada con el fin exceder las expectativas del cliente, que debe ser manejada con moderación, ya que cuándo das algo por primera vez, los clientes lo conciben como parte integral del servicio y esperarán recibirlo todas las veces.

Este extra adicional que añade más valor a nuestro producto y/o servicio, le da al vendedor ventaja a la hora de negociar y por lo tanto mayor posibilidad de competir con éxito tendrá.

Algunos ejemplos de valores agregados pueden ser:

- Un pequeño obsequio que usted entrega al cliente en el momento de la visita que permite la recordación de su negocio. Ejemplo: algún producto marcado con el logo de la empresa como: un lapicero, un taquito de papel, un llavero etc.
- Un servicio extra sin costo.
- Reducir la incomodidad en las esperas brindando por ejemplo sillas, café, televisión etc.

Actividad: Enumere y describa los valores agregados que da a sus clientes. Si aún no los tiene, piense en algo que pueda ofrecerles sin costo alguno.

✉ **Nota.**
No pase al siguiente punto sin haber realizado esta actividad. De su compromiso y deseo de aprender depende que el estudio que está haciendo sea realmente efectivo para usted.

CONOCER LA COMPETENCIA.

Investigar las diferencias entre la competencia y la empresa en la que trabaja, le brinda importante información para resaltar los beneficios que ofrece, sustentar los argumentos de venta y administrar las objeciones.

No olvide que los clientes ya han cotizado o cotizarán con otras empresas y seguramente sacarán a relucir muchos aspectos de la competencia en una negociación y usted debe estar preparado para responder cada interrogante. Si usted no conoce bien su competencia estará en gran desventaja a la hora de negociar.

Actividad:

Haga una tabla comparativa, donde se puedan ver las diferencias con la competencia. Incluya las variables que considere más importantes para los clientes, ejemplo:

- Certificaciones.
- Materiales.
- Garantías.
- Vida útil.
- Tiempo de instalación.
- Precios, descuentos.
- Plazos de pago.
- Fletes.
- Tiempos de entrega.
- Atención a quejas y reclamos.
- Políticas de devolución

Si encuentra otras variables agréguelas. Recuerde que todo depende del tipo de negocio que usted esté manejando.

✉ **Nota.**
No pase al siguiente punto sin haber realizado esta actividad. De su compromiso y deseo de aprender depende que el estudio que está haciendo sea realmente efectivo para usted.

VENTAJAS DE PREPARARSE BIEN.

Un vendedor profesional debe sacar el tiempo para prepararse antes de cada visita, pues son muchos los aspectos que debe conocer acerca de la empresa, los productos y/o servicios que ofrecerá al cliente, al igual que lo que puede brindarle la competencia. Estas son herramientas necesarias para ejercer bien su labor y poder manejar muchas de las objeciones que el cliente presente.

Prepararse con cuidado le permite:

➢ Aprender todo sobre los productos que vende y/o servicios que ofrece.
➢ Tener la seguridad de que cubrirá todos los puntos importantes y no olvidará mencionar información que puede ser vital.
➢ Hacer un mejor uso del tiempo, minuto a minuto.
➢ Impactar con cada palabra que pronuncie, ya que preparó la presentación con anterioridad.
➢ Evitar que le falte material necesario para la presentación.
➢ Tener la confianza que le da el estar bien preparado.
➢ Poder ofrecerle al cliente excelentes alternativas que le ayudaran a tomar la decisión de comprarle a usted.

PASO 2: PLANEACIÓN DE LA VISITA DE VENTAS.

La visita a un cliente no puede hacerse de forma improvisada, hay que planearla con anticipación, pues dependiendo de la preparación que usted tenga, esta puede llevarse a feliz término o puede ser un fracaso total.

No todas las visitas y especialmente la primera en ciertos negocios, son para vender. Hay múltiples objetivos en las visitas que hacemos a los clientes, veamos algunos ejemplos:

- Reunir información de las necesidades del comprador.
- Desarrollar un acercamiento personal con el comprador.
- Crear una impresión favorable como vendedor.
- Comunicar una imagen positiva de la empresa.
- Determinar quiénes son las personas claves que toman decisiones.
- Evaluar el potencial de ventas.
- Evaluar la actitud del comprador hacia mi empresa.
- Sentar las bases para dar seguimiento al contacto.
- Concertar citas para el seguimiento.
- Vender si las condiciones lo permiten.

Por lo tanto hay que tener muy claro el motivo de la visita para saber cómo debemos dirigir la reunión y lograr el objetivo propuesto, es decir, no perder el foco.

Debe considerar cinco aspectos cuando va a visitar un cliente:

- Estudiar al cliente.
- Objetivo de la visita.
- Pedir la cita.
- Preparar los materiales para la presentación.
- Verificar que lo esperan.

Analicemos cada aspecto.

ESTUDIAR AL CLIENTE

Para tener éxito en el acercamiento con el cliente usted debe conocerlo antes de visitarlo, debe analizarlo para saber que ofrecerle, ya que cada cliente es diferente, sus necesidades y deseos también lo son. El cliente es el principal protagonista, el verdadero impulsor de las actividades de la empresa. De nada sirve tener productos y/o servicios de buena calidad y precios competitivos, sino se tienen compradores. Debemos conocer los clientes, para poder satisfacerlos

Los aspectos que debe investigar sobre el cliente que visitará son:

- ¿Qué empresa es?
- ¿Cuál es su misión y visión?
- ¿Qué servicios o productos ofrece?
- ¿Qué canales de distribución utiliza?
- ¿A que grupos objetivo se dirige?
- ¿Trabaja a nivel nacional y/o internacional?
- ¿Qué publicidad tienen en el momento?
- ¿Qué puede necesitar de la empresa?
- ¿Fue nuestro cliente? ¿Cuál es su historia, por qué se fue?
- ¿Es un cliente nuevo? ¿Hizo el contacto él? ¿Cómo supo de nuestra empresa?
- ¿Tiene otras sucursales?
- ¿Qué beneficios, ventajas y valores agregados le podemos presentar?

La información se puede obtener de los sitios web de las empresas, informes de la Cámara de Comercio, boletines empresariales, resultados de estudios realizados y observación directa de la empresa, archivos de la empresa y de las carteleras (llegando 10 minutos antes de la cita) entre otros.

Actividad

Busque toda la información que pueda acerca de un cliente a quien visitará.
Conocer el cliente es esencial para saber que puede necesitar de su empresa y preparar una presentación efectiva.

✉ **Nota.**
No pase al siguiente punto sin haber realizado esta actividad. De su compromiso y deseo de aprender depende que el estudio que está haciendo sea realmente efectivo para usted.

PEDIR LA CITA.

Algunos negocios no requieren de cita, por ejemplo en la venta tienda a tienda, pero normalmente debe pedirse. Nunca se presente ante el cliente sin cita previa, ya que esto genera asperezas y molestias al cliente y puede causar la pérdida del negocio.

En el momento de pedir la cita usted debe tener en cuenta algunas consideraciones importantes:

➤ Siempre debe **utilizar un título de respeto** como Señor, Señora, Señorita, Doctor, Doctora. Consulte con alguien en la empresa (secretaria, recepción, portero, otros que contesten la llamada) que título le dan normalmente en la organización la persona que va a contactar, este le puede evitar situaciones incómodas.

➤ Debe **identificarse correctamente** diciendo su nombre, cargo y el de la empresa para la cual trabaja.

➤ Informar a que se **dedica** su empresa.

➤ Describir el **propósito** de la llamada.

➤ Asegurarse de que las **personas correctas** estén en la reunión: Verificar la presencia de otras personas en la reunión es muy importante, porque de esta manera:

- Podemos llevar el material de presentación en la cantidad requerida como por ejemplo catálogos, muestras, listas de precios y obsequios.
- Logramos que las personas que influyen o tienen poder de decisión estén presentes y escuchen directamente la presentación.
- Conocer y manejar directamente las objeciones o dudas de todo el equipo que decide en la compra.
- Lograr un cierre más rápido de la venta.

> Informarse sobre el **tiempo que le asignarán** para la cita: Concretar el tiempo de la visita es muy importante, ya que podrá planear una presentación conforme al tiempo asignado y hacerla con efectividad. Podrá captar la atención del cliente con mayor facilidad, pues éste ha separado este tiempo solo para atenderle.

> **Verifique equipos** para la presentación: Si necesita equipos especiales como video beam, pantalla, audio para videos, tableros, pregunte si el cliente los tiene disponibles ó usted debe llevarlos.

PREPARAR LOS MATERIALES PARA LA PRESENTACIÓN

Una vez conseguida la cita con el cliente, deben prepararse los materiales que se necesitarán para la presentación. Controlar que nada falte mediante una lista de chequeo es de vital importancia. Existen diferentes clases de lista de chequeo. A continuación se presentan algunos ejemplos de listas de chequeos.

Preliminares	
Confirmación de las citas	
Documento personales	
Revisión del carro	
Presentación personal	
Carnet de la empresa	
Revisar pico y placa	

Papelería	
Tarjetas personales	
Talonario de pedidos	
Recibos de caja	
Recibos de consignación	
Talonarios de devoluciones	
Papel carbón	
Números de cuentas de la empresa	
Directorio telefónico	
Solicitudes de crédito	
Lista de clientes	
Lista de cartera	
Carta de colores	
Catálogos	

Herramientas de trabajo	
Agenda	
Portátil y cargador	
Maletín	
Regla	
Clips	
Grapadora	
Cintas	
Sello	
Calculadora	
Resaltador	
Corrector	
Sacaganchos	
Lapiceros	
Sello de la empresa	
Tijeras	
Pegante	
Gafas	

Informes	
Lista de precios actualizada	
Muestras físicas	
Inventarios	
Promociones y descuentos	
Historial de compras del cliente	
Revisión de quejas y reclamos	
Testimonios de éxitos	
Certificados de calidad, estudios.	

Actividad

Realice su propia lista de chequeo cuidando que no falte ningún elemento necesario para la visita a su cliente.

✉ **Nota.**

No pase al siguiente punto sin haber realizado esta actividad. De su compromiso y deseo de aprender depende que el estudio que está haciendo sea realmente efectivo para usted.

VERIFICAR LA CITA.

Nunca salga a visitar un cliente sin confirmar su cita. Son muchas las ocasiones en que teniendo una cita programada, perdemos el viaje, ya que el cliente no se encuentra y no tuvo la delicadeza de cancelar.

Importancia de verificar la cita

- Le recordará al cliente que tiene una cita con usted.
- Irá posicionando su empresa en la mente del cliente.
- No perderá tiempo transportándose a un lugar donde no lo esperan. A su cliente se le pueden presentar imprevistos de última hora y olvidar cancelar sus citas.

PASO 3: ACERCAMIENTO AL CLIENTE

Las habilidades sociales son fundamentales para lograr un contacto efectivo con el cliente.

Saber sonreír, tener una actitud amistosa y amable, saber cómo se atrae la atención de quien nos escucha, manejar un lenguaje positivo y saber expresar las ideas con claridad y concreción, son competencias que caracterizan a los vendedores Exitosos.

Para tener un acercamiento efectivo con sus clientes, usted debe:

CUIDAR CON ESMERO SU PRESENTACIÓN PERSONAL.

Los Vendedores Exitosos se distinguen porque siempre tienen una buena presentación personal.

El vendedor representa a la empresa y la imagen que proyecte es la que el cliente tendrá de ésta. Una buena presentación infunde respeto y credibilidad.

Recuerde que la presentación personal hace parte de esa primera impresión que el cliente tendrá sobre usted; preste especial atención a los detalles, su apariencia debe ser impecable. Tenga en cuenta:

- El cabello debe estar siempre limpio, con un buen corte y bien peinado.
- Si es hombre debe estar bien afeitado.
- Si es mujer, lleve un maquillaje suave y cuide que su piel no brille.

- Lleve las uñas bien cortadas y arregladas. Las mujeres deben llevarlas pintadas con un color discreto.
- Lleve un atuendo apropiado para la ocasión: Momento del día y tipo de empresa.
- Prefiera los atuendos clásicos, con eso garantiza estar siempre bien presentado.
- Lleve los zapatos limpios, lustrados y en buen estado.
- Use un buen desodorante y una loción suave.
- No llegue con aspecto trasnochado, oliendo a cigarrillo o tufo.
- No fume en ningún momento durante la visita.
- Cuide su voz, el lenguaje y las normas de urbanidad, estas son definitivas en la imagen que proyecte.

ESTAR A LA HORA DEFINIDA.

Un aspecto fundamental de la visita es el cumplimiento de la hora establecida para la misma. Estar en la empresa a la hora que le fue asignada es un acto de respeto con su tiempo y el de los demás.

Si usted llega cinco o diez minutos antes, puede aprovechar para observar la empresa y para leer información que puede ser útil para su presentación o para romper el hielo con el cliente. Si se siente incómodo llegando antes, puede esperar afuera hasta la hora señalada. Lo importante es no llegar ni un minuto tarde.

Aspectos a tener en cuenta:

- Si por algún motivo no puede llegar a tiempo, debe llamar e informar a su cliente con suficiente anticipación. Él es quién debe decidir si espera o si asigna una nueva cita.
- Nunca haga esta llamada a la hora de la cita, su cliente se sentirá irrespetado y deducirá inmediatamente que usted no valora su tiempo.
- Cuando usted llega tarde, el cliente ya está indispuesto, se ha formado una opinión de usted y encontrará un ambiente tenso.
- No llegar a la cita por olvido, es fatal. El cliente se sentirá muy enojado y con razón. No cumplir con las citas, cierra las puertas a futuras oportunidades.

Cuando usted llega puntual a una cita:

- El cliente sabrá que valora su tiempo.
- Usted dispondrá de todo el tiempo que tenía asignado para hacer la presentación.

Tiempo asignado para la reunión:

Los clientes siempre tienen un tiempo asignado para usted. La mayoría de las veces pedimos una cita y nos fijan un día y una hora. Pero ¿Cuánto tiempo tiene disponible el cliente para nosotros? ¿Media o una hora? No lo sabemos.

Es importante saber cuánto tiempo durará la reunión. Si esto no se concretó con anterioridad, es decir, cuando pidió la cita, debe hacerlo al inicio de la reunión para que usted pueda aprovecharlo de manera óptima.

Durante la reunión debe estar pendiente del tiempo asignado; respételo, ya que esto le dará a usted y su empresa una buena imagen y profesionalismo.

Si el tiempo asignado para la reunión se termina y su presentación no, infórmeselo al cliente. Si él autoriza un tiempo adicional, continúe con la reunión y si no lo hace, pacte una nueva cita.

SALUDAR CORRECTAMENTE.

El saludo es un acto protocolario importante en el que debe tener en cuenta algunos aspectos como:

- Utilice nombre y título de respeto (Señor, Señora, Doctor, Doctora, Ingeniero, etc.)
- Estreche la mano (Ni muy fuerte ni muy débil).
- No dé palmadas en el hombro (solo si son amigos).
- No salude de beso (solo si son amigos).
- Preséntese con su nombre y el de la empresa a la que representa.
- Recuerde al cliente el motivo de su visita.
- No se siente antes de que se lo pidan.
- Entregue su tarjeta personal.

ROMPER EL HIELO CON ACIERTO.

¿Cómo romper el hielo cuando está frente al cliente?

Después del saludo, es importante comenzar la reunión de una manera amigable y tranquila, por esta razón, puede hacer una pregunta o comentario que obligue al cliente a responder. Puede hablar de algo que no tenga nada que ver con el tema de la reunión antes de empezarla formalmente.

Aprender a crear un buen clima para la reunión debe ser parte de sus competencias profesionales.

Los temas de interés rompen el hielo y ayudan a establecer una conexión más fácil con el cliente, pero no olvide:

- Debe ser un tema positivo.
- Preferiblemente relacionado con la empresa a la que visita.
- No debe permitir que se extienda, ya que puede perder tiempo valioso para hacer su presentación.

PASO 4: PRESENTACIÓN DE PRODUCTOS Y/O SERVICIOS.

El éxito en la presentación de productos y servicios requiere de un conocimiento pleno de la empresa, del producto, de la competencia y del cliente. Para lograrlo debe prepararse con cuidado y realizar un plan de visita efectiva, que establezca una comunicación de doble vía entre vendedor y cliente. En el medio de ventas, la presentación efectiva también es conocida como "el discurso de ventas".

Algunos estudios informan que el 40% de los compradores piensan que las presentaciones de los vendedores distan mucho de ser buenas. De las 10 quejas más frecuentes de los compradores, hay 5 relacionadas con las presentaciones:

- Hablar mal de los competidores.
- Saber muy poco de los competidores.
- Ser muy agresivos y presionadores.
- No saber del negocio del cliente que se visita.
- Hacer presentaciones pobres.

Los vendedores deben hacer presentaciones que se ajusten a la manera de comprar de las personas y la forma más efectiva es el método AIDA

METODO AIDA

Desde su concepción original, el propósito de la técnica AIDA ha sido el de presentar el proceso lógico que debe seguir la negociación de venta con el fin de elevar las posibilidades de éxito de la misma; es decir, que concluya con el cierre positivo y la compra del producto o servicio en cuestión.

El método AIDA busca influir en el comportamiento del cliente y provocar la acción de compra. Para llegar a la **Acción** de compra es necesario **Desear** el producto y/o servicio. El deseo se despierta de la observación con **Interés**, el interés se estimula ante todo aquello que capta nuestra **Atención.**

- **ATENCION.**

Se obtiene desde el momento en que se hace el acercamiento con el cliente. Captar la **Atención** de éste no es fácil, por eso es importante que el primer contacto sea eficaz y que la impresión que usted haya proyectado sea positiva.

- **INTERES**.

Lograda la atención, el **Interés** del cliente se mantendrá si realiza una presentación efectiva en donde se resalten no solo las características de los productos y/o servicios, sino las ventajas, beneficios y valores agregados para el cliente.

- **DESEO**.

Se genera cuando usted expresa argumentos que el cliente considera realmente importantes. Estimula los **Deseos** del cliente cuando presenta de forma convincente y efectiva los productos y servicios que ofrece.

- **ACCIÓN.**

El cliente tendrá en cuenta todo el desarrollo de la visita y la presentación de las características, ventajas, beneficios y valores agregados para tomar una decisión. Cuando siente que sus necesidades están satisfechas, se produce la **Acción** de compra.

También se logra la acción, cuando nos piden una cotización o se acuerda una nueva reunión. Las puertas están abiertas para continuar la negociación.

Actividad:

Analice el siguiente ejemplo de una presentación efectiva.

> *Como para ustedes es muy importante el posicionamiento de su marca en el mercado, nos permitimos presentar a PRO S.A. (**Atención**).*
> *Estamos dedicados a la asesoría de imagen corporativa a través de productos publicitarios muy novedosos, que generan un alto impacto en la recordación de la marca en el público objetivo de su empresa. Tenemos un portafolio muy amplio que se acomoda a todos los presupuestos. (**Interés**).*
> *Tenemos productos de gama alta, media y básica para cubrir todas sus necesidades, ofrecemos un producto exclusivo para su empresa diseñado por nosotros, proporcionamos varias opciones de diseño virtual sin costo, enviamos las actualizaciones de nuestros catálogos para que tengan la oportunidad de ver nuestras nuevas opciones, tenemos precios muy competitivos porque somos importadores directos, damos descuentos por volumen y los distribuimos donde ustedes lo deseen. (**Deseo**).*
> *Los invito a que analicemos que productos son los más adecuados para su empresa. ¿Les parece bien? (**Acción**).*

No olvide que la **atención** del cliente se consigue cuando define bien una situación de provecho para él. Cuando le explica su funcionamiento, puede captar su **interés.** Despierta su **deseo** cuando le habla de los beneficios y ventajas que obtendrá. Después puede motivar a la **acción,** es decir, a que se produzca el cierre, ya que el cliente siente el impulso de obtener lo que desea.

Luego de mirar detenidamente el ejemplo, trate de diseñar una presentación efectiva para que la utilice al visitar sus clientes. Las presentaciones no siempre se hacen la misma forma, por eso se debe realizar este ejercicio de todas las formas posibles; lo importante es que tenga en cuenta los pasos del AIDA (Atención, Interés, Deseo y Acción) y saque a relucir las características, ventajas, beneficios y valores agregados de **la empresa.**

La realización de este ejercicio es muy importante, ya que pone en práctica el conocimiento que tiene de su empresa, productos, características, ventajas, beneficios y valores agregados.

El ejercicio se puede hacer de diferentes maneras, todo depende del tipo de empresa, producto y/o servicio a ofrecer y del cliente a visitar.

Practique la presentación que realice varias veces, puede ser frente a un espejo. Mientras más practique, mas naturales serán sus presentaciones ante los clientes.

✉ **Nota.**

No pase al siguiente punto sin haber realizado esta actividad. De su compromiso y deseo de aprender depende que el estudio que está haciendo sea realmente efectivo para usted.

PASO 5: ADMINISTRACIÓN DE OBJECIONES

Las objeciones son las dudas o problemas que el cliente plantea durante la fase de la presentación de los productos y/o servicios o inclusive antes. Usted no las debe tomar como una amenaza, por el contrario, asúmalas como una oportunidad para escucharlo y brindarle alternativas para resolver sus necesidades de manera que pueda cerrar la venta.

Cuando el vendedor hace una excelente presentación (AIDA) de la relación costo- beneficio de la oferta, reduce considerablemente el surgimiento de las objeciones.

Tips para el manejo exitoso de las objeciones.

Cuando el cliente exprese objeciones a su oferta usted debe:

- Escucharlo con atención y respeto.
- Mantenga la calma, no le contradiga ni discuta con él para que gane su confianza. Sustituya el afán de vender por el deseo de servir.
- Acepte la objeción y comparta sus sentimientos.
- Confirme la objeción, repitiéndola para que pueda darle la solución correcta.
- Manifieste la solución a su problema o necesidad.
- Presente nuevas formas de abordar la solución a su problema.
- Busque alternativas e intente llegar a un auténtico acuerdo.
- Clarifique las ventajas que tiene su oferta sobre la de la competencia.
- Suministre más información sobre su empresa, los productos y servicios mostrando las características, ventajas, beneficios y valores agregados que brinda.
- Administre la objeción, bien sea ajustando su propuesta a las necesidades reales del cliente o respondiendo de manera que influya en su cambio de opinión.

ELEMENTOS PARA EL MANEJO DE OBJECIONES.

Existen 3 elementos que le servirán para manejar todo tipo de objeción:

Elemento 1: Haga hablar al cliente y escuche con atención sus respuestas.

> **Cliente:** *El producto no me gusta.*
> **Vendedor:** *¿Por qué no le gusta?*

Devuelva la objeción en forma de pregunta al cliente. Esto lo hará ampliar su punto de vista, se sentirá escuchado e inclusive en ocasiones el mismo cliente planteará la solución a la objeción, también le permitirá a usted conocer más certeramente la causa de la no compra.

> **Cliente:** *Me interesa, pero no puedo pagarlo.*
> **Vendedor:** *Si pudiera pagarlo en varias cuotas, ¿lo compraría?*

Las preguntas nos ayudan a encontrar soluciones para el cliente.

Elemento 2. Las características, beneficios y ventajas son armas que usted tiene para manejar todo tipo de objeción.

Puede combinar este elemento con el anterior así:

> **Cliente***: Me parecen muy caros los llaveros.*

> **Vendedor:** *¿Me dice que le parecen caros?*

> **Cliente:** *Si, la marca xyz es 5% más económica.*

> **Vendedor:** *Recuerde nuestros beneficios y ventajas (le hace la lista) y además podemos darle ese 5% adicional si aumenta su compra en 2.000 unidades y así alcanza la escala superior de descuento por volumen. El valor individual de cada llavero se rebaja en 8%, ¿Buen negocio, verdad?*

Elemento 3: **Presente el cliente testimonios de casos exitosos.** Esto le animará y le ayudará a tomar una decisión.

TIPOS DE OBJECIONES.

Objeción por precio.

La objeción por precio suele ser la que más se presenta y se maneja justificando la relación costo – beneficio. No debe permitir que el cliente sea quien maneje el precio.

El momento adecuado para mencionar el precio depende de cada vendedor, no hay regla para esto. Unos prefieren mencionarlo después de hacer su presentación pues así justifican el valor; otros, si el precio es bajo, lo mencionan varias veces durante la presentación, ya que es un buen factor de venta.

La gente está dispuesta a pagar más si se le demuestra que está comprando algo que vale la pena, por ello la importancia de describir muy bien las características, ventajas, beneficios y valores agregados de los productos y/o servicios.

En la objeción de precio es vital que cuando el cliente nos compara desfavorablemente con la competencia, determinemos que si se estén comparando dos productos o servicios iguales en calidad, material y demás factores importantes. Por eso es de vital importancia el ejercicio donde usted investiga su competencia, pues si no la conoce difícilmente refutará las objeciones.

Veamos un ejemplo:

Cliente: *Las camisetas tipo Polo están muy caras.*

Vendedor: *¿De verdad le parecen caras? (técnica de repreguntar).*

Cliente: *Si, las de la marca XXX son 10% más baratas y me las llevan a la empresa.*

Vendedor: *Nosotros también le entregamos en su empresa sin costo adicional, pero recuerde que las camisetas marca XXX son 80% poliéster y 20% algodón (conocimiento de la competencia) y las nuestras son 100% algodón (características del producto), que las hace más frescas, cómodas, bonitas, su mensaje es más apreciado por sus clientes y perdura más (ventajas y beneficios) por lo tanto la comparación de precio no es válida.*

Objeción por falta de tiempo.

Cliente: *La verdad, dispongo de muy poco tiempo para atenderlo.*

Vendedor: *Permítame presentarle en 10 minutos, los aspectos claves que estoy seguro serán de todo su interés. Tengo importantes economías de escala para ofrecerle.*

A veces los clientes están más interesados en otros asuntos que en atender su cita, sin embargo, de usted depende que éste le escuche. Si lo percibe apurado, adviértale que solo le hará una presentación de los aspectos de mayor interés para él o pida una nueva cita.

Objeción por calidad

Cliente: *Los productos que ofrece su competencia son los mejores.*

Vendedor: *Usted no conoce nuestro producto, pero le garantizamos que cuando lo conozca también nos comprará. La relación calidad – precio que tenemos es la mejor del mercado. Nuestros clientes pueden dar fe de ello.*

Se puede manejar hablando del producto que está ofreciendo con hechos concretos. Además, es importante que ofrezca ejemplos de experiencias de otros clientes con sus productos y presentar certificaciones de calidad si las tiene.

Objeción por no necesidad.

Cliente: *No necesitamos ese producto, no manejamos esa línea.*

Vendedor: *¿Por qué piensa que no lo necesita?*

Cliente: *No manejamos esa línea.*

Vendedor: *Usted tiene una importante oportunidad de negocio y de ganancias adicionales incluyendo este producto que le estamos ofreciendo........*

En ocasiones el cliente siente que no necesita del producto que le está ofreciendo y así se lo manifiesta. La gente no compra algo si no tiene motivos para hacerlo. Es habilidad del vendedor crear el motivo o la necesidad para incentivar al cliente a adquirir el producto y/o servicio y preguntarle inclusive porque considera que no lo necesita en el momento.

Objeción por fidelidad.

Cliente: *Estoy satisfecho con los productos de la competencia.*

Vendedor: *Si, es posible. La competencia tiene un producto muy bueno, pero nuestro producto es de la misma calidad y mayor eficiencia, además es beneficioso para su compañía contar con varios proveedores.*

La objeción por fidelidad suele ser muy común, porque las empresas sienten temor de comprar a proveedores que no conocen. Cuando se presente este tipo de objeción, muéstrele al cliente la importancia de tener varios proveedores, resalte la necesidad de conocer las otras opciones que presenta el mercado y planté otras alternativas que puedan brindarle una mayor productividad y eficiencia. Presentar testimonios de clientes es importante en el manejo de esta objeción.

Objeción por falta de información.

Cliente: *Me dicen que el material del producto resulta muy costoso y prefiero quedarme con el actual.*

Vendedor: *Este material es de alta tecnología, el rendimiento es mucho mejor y las posibilidades de ruptura son mínimas. Analice y verá que tendrá un producto excelente.*

Se da cuando el cliente rechaza su propuesta por desconocimiento del alcance de ésta. Para restablecer la falta de información regrese a su explicación, profundice en los aspectos que sean necesarios y retroalimente a su cliente sobre las dudas. La acción de compra se genera en esta etapa y se da cuando al cliente se le ha aclarado cada una de las objeciones y se siente plenamente satisfecho.

Objeción porque desconfía del servicio.

Cliente:
Ustedes prometen mucho, pero……

Vendedor: *Puede hablar con algunos de nuestros clientes si así lo desea. Ellos pueden dar fe de que lo que le estoy diciendo es verdad.*

Usted debe ganar la confianza del cliente garantizándole seguridad. Dé testimonios válidos que puedan tranquilizarlo y convencerlo de que la empresa cumplirá lo que le promete.

Recuerde: A mayores objeciones, mayores soluciones. Si no existieran las objeciones tampoco existirían las ventas.

Actividad.

Realice un cuadro con las objeciones que los clientes le han presentado y las respuestas que usted puede brindar para dar manejo a estas objeciones. Este ejercicio le será muy útil, ya que usted puede en su presentación anticiparse a responder las posibles dudas del cliente, antes que él las exprese. El cuadro debe ser actualizado constantemente con las nuevas objeciones que van presentando los clientes.

Presentamos un ejemplo del cuadro.

OBJECION	TIPO DE OBJECIÓN	MANEJO DE OBJECION

✉ **Nota.**

No pase al siguiente punto sin haber realizado esta actividad. De su compromiso y deseo de aprender depende que el estudio que está haciendo sea realmente efectivo para usted.

PASO 6: EL CIERRE DE LA VENTA.

El momento del cierre es la oportunidad que tiene el vendedor de ayudar al cliente a tomar decisiones, es el fin del proceso de venta. Sin embargo muchas negociaciones requieren de varias visitas ya que el cierre del trato no se da de manera inmediata, por lo tanto, antes del cierre final se habrán presentado uno o varios cierres parciales.

Lo importante de los cierres parciales es lograr el objetivo de la visita que puede ser:

*   Dar a conocer la empresa.
*   Poder presentar cotizaciones.
*   Lograr exposición ante un comité o junta.
*   Lograr una reunión para detectar necesidades y poder presentar una propuesta a la medida

Los cierres parciales dejan abiertos los espacios para continuar con la negociación, es decir, generalmente hay que visitar varias veces un cliente y sin embargo esto no asegura el cierre del trato. Algunos negocios se cierran en la primera visita, pero otros muy posiblemente se cierren después de varios intentos.

A veces los compradores demoran la decisión de compra, sin embargo, debe estar alerta, porque entre más tiempo se tarde en cerrar la venta, más aumenta el riesgo de perderla. Utilice sus habilidades para acelerar la decisión y obtener el consentimiento definitivo para la compra, pero tenga cuidado de no confundir **cerrar con presionar** la decisión de compra diciendo frases como:

*   Tengo otras personas interesadas...
*   Los precios van a aumentar y va a perder esta oferta...

- ¡Más vale que se apresure!...
- Es la última unidad que me queda.

¡Cuidado! Presionar al cliente con expresiones como éstas no es la forma de proceder de un buen vendedor. Cuando el cliente siente que está siendo presionado ocurrirán dos cosas: el cliente se indispondrá, bajará su confianza y la venta puede perderse o sentirá su ansiedad y lo manipulará al respecto.

Con el cierre de la venta se logra la acción de compra, es la última etapa de método AIDA ¡Es en este momento que el vendedor ve alcanzado o no su objetivo! Si fracasa en el cierre de la venta, despídase de manera apropiada y no se muestre molesto con el cliente. No se desanime, analice lo que pasó y vuelva a intentarlo.

TÉCNICAS DE CIERRE.

Los beneficios de utilizar técnicas o procesos pre establecidos en las diversas etapas de la gestión comercial, son entre otros:

- Evitar la improvisación, que es una gran enemiga del vendedor profesional.
- Poder mejorar continuamente ya que hay parámetros de comparación.
- No temer al momento de encuentro con el cliente, ya que se está bien preparado y se han considerado las variables de la negociación.
- Adquirir hábitos efectivos basados en la repetición, pero evitando la monotonía y aplicándoles sus características personales.
- Incrementar la efectividad en los procesos de venta y contactos con el cliente.

Estudiaremos varias técnicas de cierre; ponga especial atención y analice cada una.

Técnica de opciones: El objetivo es hacer que el cliente tome decisiones y lo logramos presentándole opciones sobre el producto y/o servicios, veamos.

- *Dr. Mejía: ¿Quiere su moto azul o negra?*
- *¿Los habladores van troquelados en forma de corazón ó en forma de casa?*
- *¿El seminario que dictaremos será para 10 ó para 12 personas?*

Notemos como el cliente va definiendo aspectos claves de la negociación sin ser presionado por el vendedor y mentalmente va configurando el producto o servicio final.

Venta ya realizada: Consiste en hacer sentir al cliente que ya tomó la decisión y que vamos a definir detalles como formas, colores, entregas entre otros

- *Llamaré a su departamento de recursos humanos para que nos envíe el listado de asistentes.*
- *Según calculamos, el primer lote será de 50.000 unidades de lapiceros y será pagado de contado, ¿verdad?*
- *¿Desea mezclar los colores de los zapatos, 50% café y 50% negros?* **(es combinar con la técnica anterior de opciones y es muy efectivo para el cierre).**

Técnica de respuesta afirmativa: En negociaciones es regla que nuestras preguntas deben crear un ambiente favorable y en lo posible generar un "si" del cliente. Cuando suministre información al cliente esté atento a sus reacciones y tome nota, ya que éste nos dará información valiosa mientras hacemos la presentación efectiva o manejamos objeciones. Cada vez que toquemos un aspecto de la oferta, debemos anotar si el cliente está de acuerdo o no.

Ejemplo: Un vendedor anota lo siguiente mientras hace su presentación:

Precios y descuentos: *Le parecieron buenos, ajustados a la calidad del Producto.*
Tiempos de entrega: *negativo, muy largos, hizo malacara.*
Colores: *positivo, le gustaron mucho.*
Formas: *positivo, le parecen llamativas.*
Empaque: *negativo, le pareció ordinario.*

Con los elementos anteriores el vendedor es capaz de realizar un cierre. Observe como refuerza la información positiva que le dio el cliente y no menciona los aspectos negativos.

- **Vendedor:** *Las formas de los muebles que le ofrecemos son muy llamativas, ¿verdad?*

  Cliente: *Sí, me gustan bastante y son impactantes.*

- **Vendedor:** *Y con esos colores, serán doblemente atractivos para los compradores.*

  Cliente: *De acuerdo, es una buena combinación.*

- **Vendedor:** *Y como nuestra política de precios y descuentos es muy favorable, ¿Empezamos con 100 unidades ó con 200?* **(nuevamente combinación de técnicas).**

Lo que el vendedor hizo fue repetirle al cliente los términos positivos que él mismo expresó sobre el producto /servicio. Por ley natural, el ser humano generalmente no se contradice y por lo tanto el cliente acepta con gusto lo que le repetimos positivo sobre la oferta, llevando así a que se realice la venta.

Experiencia exitosa: Es informar al cliente sobre casos de éxito de algunos clientes al usar nuestros productos.

- **Vendedor:** *El cliente Americana de Bicicletas obsequió a cada cliente que compró el nuevo modelo, un maletín exclusivo y la campaña fue un éxito, se hicieron efectivas el 75% de las cotizaciones.*

- **Vendedor:**
  Impresos La Nueva Imagen mejoró su indicador de apertura de clientes nuevos en un 45% luego de aplicar los conceptos del entrenamiento en ventas que les diseñamos y ejecutamos, aquí está la carta del Gerente de Ventas.

Oferta especial: Es cuando ofrecemos al cliente un incentivo adicional por cerrar la compra. Es la mejor manera de utilizar los descuentos especiales y las promociones en el momento del cierre.

- **Vendedor:** *Si nos hace el pedido hoy, podemos sostenerle el precio del año anterior que es un 10% más favorable que el de la nueva lista.*

  Adicionalmente, si pide 1.500 unidades más podemos darle gratis el empaque individual para las 6.000 unidades, ahorrando así $600.000, ¿Le parece bien si hacemos el pedido por 6.000 o lo dejamos en 4.500 unidades.
  *La mayoría de clientes de consumo masivo aprovecha la oportunidad. (**Nuevamente se combinan técnicas**).*

- **Vendedor:** *Si hacemos la revisión técnica esta semana, podemos darle un descuento del 10% en los repuestos que requiera, ¿programamos la reunión para el viernes en la mañana o en la tarde? (**combinación de técnicas**).*

Concepto final: Cuando no se pudo hacer el cierre de un negocio, le pedimos al cliente el favor de informarnos que pasó; que faltó para haber hecho el negocio. El cliente posiblemente nos notifique sobre algo que aún podemos hacer para lograr la venta ejemplo.

- **Vendedor:** *Bueno Señor Restrepo, no hemos podido lograr un acuerdo. Para el mejoramiento de nuestra empresa y mío como vendedor, ¿sería tan amable de indicarnos, por que no desea comprar nuestros productos o que haría falta ofrecerle para que ustedes nos incluyan como uno de sus proveedores?*

  Cliente: *Hay dos aspectos a considerar: Ustedes nos dicen que el tiempo entrega son 30 días y nos parece muy largo y en segundo lugar, siguen un 5% por encima del precio de nuestro proveedor actual.*

- **Vendedor:** *Don Jorge, nosotros podemos entregarle en 25 días a partir de la aprobación del pedido. Normalmente le decimos a nuestros clientes que son 30 días previendo inconvenientes que se puedan presentar, pero generalmente entregamos antes de la fecha estipulada y esto lo puede verificar con algunos de nuestros clientes ¿Me puede informar cuantas unidades de tableros de precios compran al año?*

    Cliente: *Estamos presupuestando para este año más o menos 120.000 unidades.*

- **Vendedor:** *El precio que le di por unidad era para 60.000 unidades que usted me informó para el primer semestre, pero si hacemos la negociación para todo el año podemos darle hasta un 7.5% de descuento adicional por pago a 30 días, ¿Le parece bien si esta tarde le envío la cotización?*

    Cliente: *Listo Daniel, envíeme rápido la cotización, yo quería trabajar con ustedes desde el principio, pero no me podía salir de las políticas de la compañía.*

Como puede observar el vendedor logró retomar la negociación cuando descubrió el problema que el cliente tenía, por esto es importante la técnica de concepto final.

CONCLUSIÓN TÉCNICAS DE CIERRE

Si desea volverse experto en técnicas de cierre:

- Estúdielas y practíquelas.
- Escriba las opiniones y comentarios del cliente, esté atento a sus reacciones.
- Analice bien cuál es la mejor técnica de acuerdo con la personalidad de su cliente.
- Conozca bien su empresa, productos, servicios y ofertas especiales, al igual que a su cliente y a la competencia.

Actividad.

Después de estudiar las técnicas de cierre, analice y haga una relación escrita de cuáles pueden ser las más aplicables de acuerdo al producto y/o servicio que ofrece. Prepare una serie de preguntas que considere efectivas para el cierre de sus negociaciones.
La práctica de estas técnicas le ayudará a realizar sus cierres de venta de manera natural y más efectiva.

✉ **Nota.**
No pase al siguiente punto sin haber realizado esta actividad. De su compromiso y deseo de aprender depende que el estudio que está haciendo sea realmente efectivo para usted.

BARRERAS QUE SE PRESENTAN EN EL CIERRE DE VENTAS.

Temor al fracaso.

Hace que se equivoque en su presentación y le impide transmitir seguridad al cliente potencial para conquistar la venta. Este temor surge generalmente cuando hay vacíos en temas delicados como conocimiento de portafolio, condiciones de negociación, conocimiento de la competencia y negocio del cliente. Estudie antes de la visita y la seguridad será su aliada ante el cliente.

No comprender al cliente.

Es necesario que se ponga en los zapatos del cliente, al principio no es fácil y solo se logra con práctica y preparación. El cliente no busca siempre lo más económico, desea lo más rentable en relación al costo-beneficio que es diferente. Prepárese bien con anticipación y superará este inconveniente.

Falta de capacitación.

En el mundo actual, el comprador sabe muchísimo más de las ofertas del mercado que usted mismo y es por eso que tiene que estar muy preparado. No espere que siempre su empresa lo capacite, busque alternativas e invierta en usted mismo, al fin y al cabo, es su éxito el que está en juego.

Poco aprecio por su trabajo.

Cuando usted no aprecia su trabajo tiene serias dificultades para tener éxito en un proceso de negociación. Ame la profesión de las ventas y triunfará en ella. Si no se siente cómodo al principio como vendedor, esto no es un pecado, le pasa a miles de millones de personas, pero en la medida que se entrene y lo practique amará el oficio y lo valorará.

PASO 7: SEGUIMIENTO Y CONTROL

Aparentemente todo el proceso de venta se ha dado, se siguieron los pasos para lograr una venta efectiva, pero es ahora cuando se debe cumplir con lo prometido: el pedido, el lugar y la hora de entrega se deben hacer efectivos. Aunque como vendedor logró su objetivo, usted debe superar las expectativas del cliente para que este quede satisfecho.

Se ha calculado que cuando un cliente deja de comprarle a una empresa, se debe en un 60% de las veces, a que el cliente piensa que los vendedores tuvieron una actitud de indiferencia después de que el producto o servicio fue comprado.

Construya una relación comercial sólida manteniendo el contacto con el comprador y solucionando los problemas que se puedan presentar. La buena atención al cliente le representará futuras oportunidades.

Debe hacer seguimiento de:

- Las propuestas realizadas a cada uno de los clientes.
- Las cotizaciones presentadas.
- Las promociones en cada visita.
- Las ventas logradas.
- La posventa.

Muchos creen que la responsabilidad de la organización cesa cuando sus productos se han vendido, pero realmente no es así. Después de la venta mucho puede pasar con relación al producto y los clientes demandarán un servicio postventa, el cual también hay que gestionar con calidad.

El comportamiento de estos durante su uso o consumo y la percepción de los clientes al respecto, es imprescindible para la mejora continua de los procesos que se desarrollan en la empresa.

¿Cuáles de los siguientes procesos cree usted son competencia del vendedor?

- Manejo de negocios en proceso _____
- Entrega de pedidos _____
- Registro de ventas por períodos _____
- Atención de quejas y reclamos._____
- Servicio al cliente._____

Todos esos procesos son de competencia del vendedor a excepción de la "Entrega de pedidos" que es responsabilidad de la empresa. Sin embargo, el vendedor debe velar porque la entrega del pedido o la prestación del servicio se hagan de acuerdo a las especificaciones definidas y en la fecha acordada.

De la misma manera, el vendedor es responsable de:

- Hacer seguimiento a su trabajo: Cotizaciones y negocios en proceso, ventas logradas, clientes perdidos, clientes visitados, entre otros.
- El servicio postventa.

Muchos vendedores piensan que su responsabilidad cesa cuando sus productos se han vendido, pero realmente no es así. Después de la venta mucho puede pasar con relación al producto y los clientes demandarán un servicio postventa, el cual debe ser gestionado con calidad.

El comportamiento de los productos durante su uso o consumo y la percepción de los clientes al respecto, son imprescindibles para la mejora continua de los procesos que se desarrollan en la empresa.

El servicio postventa comprende:

- Manejo de quejas y reclamos.
- Entrenamiento para el mejor uso del producto.
- Visitas periódicas.
- Valoración de la satisfacción del cliente.

Construya una relación sólida manteniendo el contacto con el comprador y solucionando los problemas que se le presentan. La calidad del servicio al cliente le representará futuras oportunidades.

Actividad

Haga un listado de todo aquello que tiene pendiente como:

- Clientes por visitar.
- Clientes visitados.
- Cotizaciones por realizar.
- Negocios en proceso.
- Ventas logradas.
- Quejas y reclamos sin resolver.
- Clientes perdidos.

Haga un seguimiento de cada uno de estos ítems que son su responsabilidad y documente el avance que tiene diariamente.

✉ Nota.
No pase al siguiente punto sin haber realizado esta actividad. De su compromiso y deseo de aprender depende que el estudio que está haciendo sea realmente efectivo para usted.

PASO 8. SERVICIO AL CLIENTE

¿Qué debería hacer para mejorar la gestión de ventas?

- Conseguir nuevos clientes. _____
- Mantener los clientes actuales con mayores ventas._____
- Recuperar los clientes perdidos._____

Un buen vendedor sabe que para una adecuada gestión de su labor debe buscar nuevos clientes, mantener satisfechos a los clientes que tiene y recuperar a los clientes perdidos.

Más de las dos terceras partes de los clientes que se pierden, aducen que han dejado de serlo por motivos que nada tienen que ver con la calidad del producto ni su precio. El verdadero motivo de la pérdida de estos, es la percepción que ellos tienen de no ser importantes para la empresa.

Observe que el motivo más importante por el cual las empresas pierden clientes no está relacionado con el precio, sino con valores que solo pueden aportar las personas, en este caso los vendedores; es por lo tanto, un problema de actitud y de servicio.

Lo peor que puede ocurrir es que un cliente se aleje de una empresa y nadie haga algo para tratar de recuperarlo. Nadie asuma este compromiso.

Mientras que para un vendedor promedio el cliente que se va "ya fue", para un profesional es una obligación recuperarlo. "Se trata de una persona que me había comprado", se dice. Debo recuperar su confianza. Debo recuperarlo como cliente.

Tratándolo con humildad el cliente confiesa su desazón y el vendedor tiene grandes probabilidades de recuperarlo. El cliente tendrá una sensación opuesta y pensará: "Realmente significaba algo para esa empresa".

Las principales razones por las que se pierden clientes son:

- **Apatía.**
Muchas veces se piensa que lo que el cliente dice no tiene importancia y dejamos de escuchar mientras nuestras mentes divagan.
Esto trae dos desventajas evidentes: en primera instancia, el cliente puede decir algo de veras importante mientras estamos distraídos y en segundo lugar y aún más importante, nos estamos volviendo escuchas perezosos y éste hábito puede ser difícil de erradicar después. La apatía al escuchar no tiene excusa; significa que somos indiferentes a la venta.

- **Dejadez.**
No atender de forma correcta al cliente, no responder sus llamadas por pereza, porque nos parece que molesta mucho o porque consideramos que lo que nos dirá no es tan importante para nosotros. Nunca olvide que lo importante para usted no es necesariamente importante para el cliente y viceversa. El cliente debe ser siempre lo primero.

- **Desconocimiento.**
Es nuestro deber como vendedores profesionales conocer las necesidades reales de cada cliente. A la vez estamos obligados a saber sobre la situación económica del país, la capacidad de endeudamiento de los clientes, para estar atento a sus necesidades reales y así poder brindarles una solución.

No es ético venderles más de lo que requieren solo por cumplir una cuota de ventas programada para el mes, para quedar bien con el jefe o para ganar un concurso de ventas de la empresa. Al hacer esto se perjudica al cliente y este pierde la confianza en el vendedor y por ende en la empresa.

Estas son algunas de las frases que se escuchan de vendedores que les que desacreditan la profesión por su falta de ética:

- Le vendí al doble del precio normal; estaba el cliente muy necesitado y aproveché.
- Les metí más unidades de las que necesitaban. Ellos verán que hacen con eso.

- **Omisiones.**
  Después de realizar la venta, el vendedor no sigue con el proceso de la postventa sino que se olvida del cliente, quien no se siente tomado en cuenta y cree que fue utilizado por el vendedor.

- **No preparación técnica ni comercial.**
  Se debe conocer el producto que se está vendiendo para hacerle una buena presentación al cliente y darle a saber todos los beneficios de comprarlo. Pero si resulta que el cliente sabe más del producto que necesita que el propio vendedor, este perderá confianza en la empresa y buscara a otra más capacitada que puedan darle una verdadera asesoría.

CLAVES DE UN BUEN SERVICIO

La prestación de un buen servicio es la más importante y eficaz herramienta para lograr satisfacer las necesidades del cliente. Un cliente satisfecho no solo volverá a comprar, sino que le traerá a la organización nuevos clientes.

Tenga en cuenta las siguientes consideraciones importantes:

- El cliente es la razón de ser de la empresa, por eso debe ser atendido oportunamente y tratado con respeto.

- El cliente jamás interrumpe su trabajo, "él es el propósito de su trabajo".

- Por muy bueno que sea su servicio, siempre se puede mejorar. Si ha logrado alcanzar sus objetivos en cuanto a la calidad del servicio y a la satisfacción del cliente, es necesario que se fije nuevas metas. No olvide que "la competencia no da tregua".

- El cliente no es alguien con quien discutir. Su trabajo es disipar sus temores y resolver sus quejas y reclamos.

- El cliente es una persona con sentimientos y emociones; debe ser tratado con atención, cortesía y profesionalismo. Cumpla siempre lo que le ha prometido.

- Nunca efectúe ventas a partir de engaños. Perderá los clientes y difícilmente serán recuperados.

- A veces los clientes solicitan cosas casi imposibles, pero con un poco de esfuerzo y ganas se puede conseguir lo que desean, siempre y cuando sea rentable para la empresa.

- La mejor forma de satisfacer al cliente es darle más de lo que espera y esto solo puede lograrse conociendo las necesidades, deseos y expectativas.

- Usted no le está haciendo un favor al cliente al atenderlo. Él es quien le hace un favor a usted al tenerlo en cuenta.

- El único que puede calificar su servicio es el cliente y dependiendo de esa calificación se irá o permanecerá.

- Recuerde que sin sus clientes usted no tendría negocio o empleo.

IMPORTANTE

Usted ha finalizado este entrenamiento ¡Felicitaciones! Realizar todos los ejercicios es la única forma de aprender y alcanzar los objetivos propuestos.

Si usted los ha realizado paso a paso de manera ordenada y disciplinada, seguramente ha aprendido. Ahora lo importante es que lo ponga en práctica su actividad diaria, ya que si no lo hace el tiempo borrará lo que ha aprendido.

Solo la práctica hará que estas enseñanzas formen parte de su vida diaria de manera natural y pueda obtener el éxito en su actividad de ventas.

NO OLVIDE

¡EL FUTURO ES BRILLANTE, EL FUTURO SON LAS VENTAS!